КАРМАННЫЙ
ОРАКУЛ

МИНСК
СОВРЕМЕННЫЙ ЛИТЕРАТОР
2004

УДК 133
ББК 86.391
К-63

Автор-составитель
Миронова Анастасия Валерьевна

К-63 **«Карманный оракул»** / Авт.-сост. А. В. Миронова.— Мн.: Современный литератор, 2004.— 832 с.

ISBN 985-14-0843-3.

Если ни разум, ни логика не могут дать ответа на интересующий вас вопрос — спросите эту книгу! Сконцентрируйтесь на вопросе, откройте книгу на угад и скрытая в вас внутренняя сила сама подскажет необходимую страницу. На ней вы найдете свой ответ.

УДК 133
ББК 86.391

ISBN 985-14-0843-3

ВВЕДЕНИЕ

В жизни каждого из нас время от времени возникает ситуация, которая кажется безвыходной и безнадежной, и мы не видим вокруг себя никого, кто смог бы нам помочь и посоветовать, как же быть дальше. В таких случаях люди обращаются за мистической помощью, используя различные гадательные практики.

Однако многие из них для получения правильного результата требуют либо особых талантов, либо длительной подготовки. Благодаря этому изданию Вы сможете использовать практику знакомую Вам, вероятно, с детства, — практику гадания по книгам. Известно, что не всякая книга подходит для такой цели. Многие предпочитают Новый Завет, некоторые — произведения классиков, в последнее время очень популярным стало гадание по книгам Михаила Булгакова и Пауло Коэльо. Но произведение литературы — это всегда зашифрованное послание, которое можно толковать совершенно по-разному. А ведь так иногда хочется конкретного и точного ответа! Именно в этом Вам и поможет наша книга, при создании которой использовался опыт различных школ и традиций предсказания. Гадая по книге, Вы не только получите ответ на мучающие Вас вопросы, но и обретете некоторое представление о традициях гадания на картах Таро, на обычных игральных картах и костях, на чайных листьях и кофейной гуще, а также по руке; об астрологических предсказаниях; о способах предвидения будущего с помощью хрустального шара и анализа сновидений (голоса нашего подсознания). Кроме того, Вы вкратце ознакомитесь с традицией нумерологии.

Единственная сила, необходимая при гадании по книгам, — это судьба. Руководя Вашими пальцами и побуждая Вас открыть ту или иную страницу, Судьба выражает свою волю. Единственное необходимое Вам качество — это интуиция, способность почувствовать эманации тонкого мира и на время подчиниться им. Будет очень хорошо, если перед тем как начать гадать, Вы посвятите несколько минут короткой медитации сосредоточения. Но иногда бывает достаточно и небольшого дыхательного упражнения. После медитации уделите некоторое время для того, чтобы четко сформулировать свой вопрос, иначе Вы не сможете получить точный и исчерпывающий ответ.

Вы должны взять книгу обеими руками, подержать ее так некоторое время и подождать, пока под ладонями не возникнет ощущение жара. После этого следует быстро открыть наугад одну из страниц и прочитать предсказание. Но при работе с книгой, как и в любой практике, опыт все же играет большое значение. А потому, получив непонятный ответ, не отчаивайтесь. Совершенствуйте свою интуицию, оттачивайте чувствительность — и у Вас обязательно все получится.

Данная книга обязана своим существованием трудам Марии Кёрвенсег, венгерской исследовательницы различных способов предсказания будущего.

БИОГРАФИЯ МАРИИ КЁРВЕНСЕГ

Мария Кёрвенсег родилась 12 сентября 1955 года в небольшом венгерском городке Эрд, славящемся сохранившимися до наших дней остатками древних кельтских захоронений. С раннего детства проявив способности к предсказанию, Мария понимала человеческую душу лучше, чем многие признанные мэтры. Пройдя обучение в университетах Женевы и Парижа и получив степень доктора психологии, она посвятила себя детальному анализу и тщательному изучению различных гадательных практик.

Начало этому исследованию было положено, когда в руки Марии попал альманах Задкиеля. Изучая астрологию, она увидела сильную связь этого учения с практикой Таро. Все свои исследования венгерская предсказательница подкрепляла наблюдениями и статистическими данными. Были подвергнуты тщательному анализу астрологические карты множества людей с различным образованием и социальным статусом.

С 1983 года Мария Кёрвенсег начинает практиковать в качестве предсказательницы. Годом позже она приступает к фундаментальному труду «О влиянии «второстепенных» планет в карте на судьбу и духовный потенциал». За последующие пять лет выходят ее работы «Астрология и Таро — различные практики?», «Возможности увидеть истину», «Психология сновидца», «Простые практики» и другие.

В 1989 году открывается школа предсказаний под патронажем Марии Кёрвенсег, которая существует и в настоящий момент. В этом учебном заведении изучается несколько различных практик: наряду с традиционными астрологией и гаданием на картах Таро исследуется психология сновидений, а также некоторые другие способы предсказывания будущего. Настоящее издание является своего рода «выжимкой» из последнего, наиболее серьезного труда Марии Кёрвенсег «Единое пространство предсказаний», посвященного многим гадательным традициям, способам предсказаний, а также мистическим практикам.

Таро

Шут — при помощи концентрации личностной воли и силы Ваше сознание сможет найти для Вас правильную дорогу. На данный момент Ваша задача — созидание.

Игральные карты

В раскладе шестерка бубен — в скором времени Вас ожидает путешествие или небольшая поездка.

Игральные кости

У Вас «дубль» один-один —
не воспринимайте
Ваши неудачи слишком
серьезно. Скоро все
переменится к лучшему.

Чайники

На дне чашки видны очертания некоего дома — скоро о себе напомнят неприятности из прошлого, о которых Вы почти забыли.

Кофейная гуща

Силуэт человека на стенке кофейной чашки предвещает будущее свидание.

Гадание по руке

Множество ответвлений на линии сердца левой руки указывает на яркость и динамичность, присущие Вашему характеру. Вам не чужды авантюры и приключения.

Астрология

Положение Солнца в Овне советует Вам взглянуть на себя со стороны, ибо в противном случае Вам не удастся принять правильное решение.

Хрустальный шар

Из хрустального шара
навстречу Вам встают
лучи солнца — скоро
в Вашей жизни наступит
новый период, когда
Вы сможете реализовать
себя полностью.

Подсознание

Сон о раскидистом дереве — знак скорого богатства и процветания.

Нумерология

Ваше число один —
Вы сможете добиться
многих успехов в жизни,
но существует опасность
увлечься игрой во власть.

Таро

*Верховная жрица —
загадочное бессознательное
творческое начало внезапно
активно заявит о себе
и коренным образом
изменит Вашу жизнь.
Прислушайтесь
к своей интуиции.*

Игральные карты

Семерка бубен — опасайтесь ссор, а также людей, распространяющих сплетни, — Вы можете стать их жертвой.

Игральные кости

Выпали единица и двойка — неожиданно Вы узнаете информацию, которая окажет сильное влияние на Вашу дальнейшую жизнь.

Чаинки

Чайные листья сложились в узор, напоминающий рогатое животное, — это предвестие необыкновенной удачи и богатства, у Вас есть сильный покровитель.

Кофейная душа

На блюдце в кофейной гуще
Вам видится человек —
Вы уже никогда не найдете
потерянную вещь.

Гадание по руке

Ваша линия сердца длинная и изогнутая — это знак того, что Вы уже научились у жизни доброте, сочувствию и сопереживанию. Эти качества очень пригодятся в ближайшее время.

Астрология

*Царственное Солнце
в созвездии Льва дает
Вам возможность
почувствовать власть
в своих руках.
Но возвыситесь Вы
или станете марионеткой
в руках других зависит
только от Вашего
духовного потенциала.*

Хрустальный шар

Хрустальный шар
показывает фигуру
лошади — очень скоро
у Вас появится новый друг,
с которым Вы пройдете
большую часть жизни.

Подсознание

Вам приснилось
Ваше рабочее место —
проблемы на работе будут
решены в Вашу пользу.

Нумерология

Ваше число два — внутренний голос и тонкое чувство истины помогут Вам разобраться в сложной и запутанной ситуации.

Таро

Госпожа — в трудную минуту простое совершенство природы поможет Вам обрести мир в душе. Земля придаст вам сил.

Игральные карты

Восьмерка бубен —
Ваша просьба будет
удовлетворена.
Если в ближайшее время
обратятся с просьбой
к Вам, лучше будет решить
дело положительно.

Игральные кости

У Вас выпал
«дубль» два-два —
если Вы не знаете,
как поступить,
прислушайтесь
к своему сердцу:
Ваши сокровенные желания
подскажут ответ.

Чаинки

Листья чая сложились в очертания орла — скоро Вас может ожидать повышение по службе, поощрение либо приятный сюрприз от домашних.

Кофейная гуща

Стенки чашки покрыты узором, напоминающим дерево, — Вас ожидает разрыв отношений, ссоры и неприятности.

Гадание по руке

*Линия разума,
которая берет начало
в непосредственной
близости от линии жизни,
указывает,
что приобретенный
жизненный опыт,
благоразумие,
рассудительность
и сбалансированность
характера дадут
Вам ключ к успеху.*

Астрология

Проходя через созвездие Стрельца, Солнце пылает пламенем и покровительствует Вам только в том случае, если Вы сумеете отбросить амбиции и посвятить себя поискам истины.

Хрустальный шар

В глубине хрустального шара виден цветочный луг — судьба дарит Вам очередной шанс воплотить в жизнь идеи и замыслы.

Подсознание

*Сон о черном коте —
Вас подстерегают
мистические опасности.
Есть необходимость
посетить церковь.*

Нумерология

*Ваше число три — взяв
на вооружение энергию,
талант и обаяние,
Вы обязательно
достигнете
жизненных высот.*

Таро

Господин — Вашей жизнью управляет могучая сила. На некоторое время Ваши желания не имеют никакого значения — все складывается единственным возможным образом.

Игральные карты

Девятка бубен — поторопитесь: есть риск, что предстоящая Вам поездка может оказаться бесполезной из-за опоздания.

Игральные кости

Единица и четверка —
это хорошее сочетание.
Вы можете быть уверены
в своей удаче.
Шанс исполниться
имеют даже самые
несбыточные желания.

Чайнки

На дне чашки видны очертания горы — у Вас впереди немалые трудности, сопряженные с Вашими страхами.

Кофейная гуща

Очертания некоего
материка, увиденные
в узорах на стенках чашки,
предвещают неудачи
в работе и деловые
путешествия, иногда
вынужденные.

Гадание по руке

Ваша линия разума прямая, она пересекает всю ладонь левой руки — Вы родились практиком, организаторские способности даны Вам от природы; если не будете строить воздушные замки, достигнете большого успеха.

Астрология

Солнце в созвездии Тельца — не пугайтесь материальных трудностей, посвятите себя работе, требующей точности и усилий, проявите инициативу и упорство вместо упрямства.

Хрустальный шар

В глубине хрустального шара видны сокровища — Вам придется преодолеть обман и связанные с ним трудности.

Подсознание

Вам приснился белый лебедь — это знак силы и любовной энергии. Важно направить ее в правильное русло.

Нумерология

Ваше число четыре —
Ваша точка зрения всегда отлична от общепринятой. Вы сможете разглядеть недостатки даже в самом хитроумном замысле.

Таро

Первосвященник — авторитетный человек поможет в трудную минуту рассеять тяжкие сомнения, он укажет путь.

Игральные карты

*Десятка бубен —
для Вас наступает самое
оптимальное время
исполнить свои
накопившиеся неприятные
обязанности.*

Игральные кости

*Если выпал «дубль»
три-три — у Вас есть
мощный хранитель.
Даже при том, что Вам
есть что терять, смело
можете пускаться
в безумные авантюры.*

Чайнки

Крест из чайных листьев —
знак охраны.
Будьте уверены:
мистическая сила
сохранит от бед.
Ваша жизнь пойдет
по сценарию, назначенному
свыше.

Кофейная гуща

Кофейная гуща сложилась в силуэт животного — беспокойство о судьбе близких не даст Вам заснуть.

Гадание по руке

Линия разума на ладони левой руки начинается несколько дальше от линии жизни. Независимость и предприимчивость помогут Вам добиться успеха, но лишь при наличии в жизни некоторой направляющей силы, иначе энергия и мощь будут растрачены напрасно.

Астрология

Солнце в Деве свидетельствует о том, что, избавившись от излишне материалистического взгляда на мир, можно начать работать на более высоком уровне.

Хрустальный шар

Если в шаре виден одиноко идущий человек — сейчас Вам тяжело, но Вы должны научиться справляться с трудностями в одиночку.

Подсознание

Сон о змее предупреждает Вас о том, что не все знакомые и друзья абсолютно честны с Вами. Некоторые затаили зло.

Нумерология

Ваше число пять —
Вам не чужды риск
и страсть к острым
ощущениям. Но судьба
до поры Вас хранит.

Таро

Влюбленные — доверьтесь своей интуиции, внутренней силе, которая объединяет Вашу душу со Вселенной. Только если внимательно прислушаться к себе, предстоящий выбор будет удачным.

Игральные карты

Валет бубен — человек, которому Вы всецело доверяете, может предать Вас.

Игральные кости

*Двойка и пятерка —
не откладывайте на потом
принятие важного
решения. Удача легко
может покинуть Вас
и больше не вернуться.*

Чайнки

Листья чая сложились в изображение собачьей головы — Вы рискуете незаслуженно обидеть человека, который искренне к Вам расположен.

Кофейная душа

В узорах кофейной гущи видна птица — злословие совершенно посторонних людей принесет Вам немало неприятных минут.

Гадание по руке

Взгляните на правую ладонь. Окончание линии судьбы на линии сердца предвещает, что во имя любви Вам придется многим пожертвовать.

Астрология

Солнце в Козероге — силы Вашей воли хватит надолго, если Вы не будете ее афишировать. Методичность, упорство и аскетизм помогут достичь поставленной цели.

Хрустальный шар

В глубины хрустального шара уходит дорога — некое событие заставит Вас поменять все прежние представления о жизни. Изменятся также и планы.

Подсознание

Сон о птице, летящей
над морскими волнами, —
знак того, что рискованное
и тяжелое предприятие
увенчается полным
успехом.

Нумерология

Ваше число шесть.
Вы — мечта любого
из смертных, только пока
не отдаете себе в этом
отчет. Ваша звезда
еще не взошла.

Таро

Повозка — дисциплина и сила воли позволят Вам развить внутренний контроль, что принесет победу над трудностями и обеспечит триумф.

Игральные карты

Дама бубен — Вы можете стать жертвой женской интриги. Некая женщина хочет использовать Вас в своих интересах.

Игральные кости

*Шестерка и двойка —
у Вас все предпосылки
прогрессирования.
Хороший период
для долгосрочных
начинаний.*

Чаинки

Узор из чайных листьев смутно напоминает аиста — в Ваш дом вскоре придет радостная весть.

Кофейная гуща

На блюдце проступает изображение материка — это знак того, что полоса неудач осталась позади и Ваши дела медленно начинают налаживаться.

Гадание по руке

Линия Солнца на правой
руке начинается от линии
разума — время, когда
успех поднимет Вас
на своих крыльях,
не в отдалении.

Астрология

В созвездии Близнецов Солнце призывает Вас к общению, поскольку в этом случае Вы приобретете власть и влияние на людей.

Хрустальный шар

В глубине хрустального шара видна обезьяна — темные силы пытаются поймать Вас в хитроумную ловушку. Только честность, интуиция и разум могут уберечь Вас.

Подсознание

Сон о птице, падающей
с небес на землю, —
знак неудачи
и скорого разочарования
во многих начинаниях.
Только моральная
подготовленность к этому
может сгладить
неприятное ощущение.

Нумерология

Ваше число семь — любовь к вдумчивому анализу, размышлениям и рефлексиям откроет для Вас огромный новый мир мистического.

Таро

Справедливость — все дела в мире имеют две стороны. Прислушайтесь к своей интуиции и Вы сможете найти решение, которое примирит противоборствующие силы.

Игральные карты

Король бубен —
сейчас для Вас самое
благоприятное время
удалиться на лоно природы,
поскольку в Вашей жизни
назревает конфликт.

Игральные кости

Вам выпали пятерка
и четверка — сейчас
для Вас черная полоса.
Любое, даже самое
продуманное действие
обернется против Вас.
Поэтому выгоднее будет
ничего не предпринимать
вообще.

Чаинки

Чайные листья сложились в цветок — Ваш упорный труд будет вознагражден. Но за награду еще предстоит побороться.

Кофейная гуща

Узоры в виде животного наблюдаются на блюдце — событие, произошедшее в жизни близкого Вам человека, уже оказало на Вашу жизнь большое влияние, но пока Вы об этом не догадываетесь.

Гадание по руке

Линия жизни начинается на холме Юпитера — у Вас большие амбиции и вполне оправданное стремление к успеху.

Астрология

Проходя через созвездие Весов, Солнце сжигает своими лучами несправедливость. Судьба ставит Вас в положение судьи и ценителя. Очень важно придерживаться своего мнения.

Хрустальный шар

В хрустальном шаре видны своды пещеры — для того чтобы понять сущность Вашего теперешнего смятения, нужно вернуться в прошлое.

Подсознание

Вам приснились развалины — подсознание советует не спешить соглашаться на выгодное на первый взгляд предложение.

Нумерология

Ваше число восемь — круг людей, посвященный в Ваши дела, должен быть минимальным. Ведь судьба такова, что Вас ожидает либо шумный успех, либо столь же шумный провал...

Таро

Мудрец — достаточно с должным вниманием оглядеться вокруг себя, присмотреться к простым вещам, и Вы найдете ответы на мучающие вопросы.

Игральные карты

Туз бубен — вскоре получите важное известие, доставленное письменно.

Игральные кости

У Вас выпал «дубль»
пять-пять — Вас ожидает
очень интересное
и плодотворное знакомство
с необычным человеком,
который станет для Вас
источником новых идей.

Чайнки

На дне чашки видны очертания головы с большим носом — это обнадеживающий знак. Постарайтесь в любой трагедии и печали видеть комическую сторону.

Кофейная гуща

Птица видится в узорах кофе на блюдце — благодаря некоему счастливому случаю злые языки больше не могут Вас очернить. Но это положение продлится недолго.

Гадание по руке

Четкая и резко
прочерченная линия Марса
указывает, что в жизни
Вас ожидает не один
трудный период.

Астрология

Солнце в созвездии Рыб делает простор вокруг Вас полным мутного ила недосказанностей. В этой ситуации только Ваша интуиция может помочь найти правильное решение.

Хрустальный шар

Глубины хрустального шара показывают Вам бушующее море — это должно послужить для Вас предупреждением, ибо неудачи и зложелатели объявили на Вас охоту.

Подсознание

Сон о воротах, увитых цветами, — знак грядущей радости и нового образа жизни, который принесет Вам достаток и благополучие.

Нумерология

Ваше число девять — смысл Вашей жизни в бесконечной борьбе и преодолении трудностей, которых не надо пугаться, ибо они — источник Вашей жизненной силы.

Таро

Колесо счастья — не стоит погружаться в бездну отчаяния из-за жизненных неудач. В осознании Божественного Вы обретете крылья, которые поднимут Вас над обстоятельствами.

Игральные карты

Если в раскладе шестерка червей — Вам предстоит длительное и приятное путешествие, сопряженное с необременительными хлопотами.

Игральные кости

Шестерка и пятерка — сейчас лучше не рисковать. Очень велика опасность нежелательного брака либо ареста.

Чайники

Чайные листья сложились в фигуру дракона — это знак опасности и одновременно больших перспектив. Для достижения цели Вам придется идти на риск.

Кофейная душа

Если Вы богаты
и на стенках чашки
видите очертания
некоего строения,
Ваш достаток увеличится.

Гадание по руке

Линия судьбы начинается от браслетов — Вам очень рано пришлось учиться независимости и самостоятельному принятию решений.

Астрология

Проходящее через созвездие Скорпиона Солнце советует Вам, прежде чем менять свое окружение, заглянуть в собственную душу. Не исключено обнаружение большого количества недостатков.

Хрустальный шар

Если видна высокая башня —
Ваши устремления
труднодостижимы
и прекрасны, но реальность
часто бывает жестока.

Подсознание

Драгоценные камни, увиденные во сне, — подсознание подает Вам знак приложить больше усилий в решении проблем, ведь исполнение желаний не за горами.

Нумерология

*Ваше число десять —
Вы спокойны
и доброжелательны,
близкие считают Вас
миротворцем.*

Таро

Сила — только мужество и решимость идти вперед, несмотря на сложности, поможет преодолеть разочарования и обрести тихую и уверенную силу в терпении.

Игральные карты

Семерка червей — присутствие или упоминание некоего ребенка либо подростка в ближайшее время сильно повлияет на Ваше будущее.

Игральные кости

Выпали две шестерки —
предстоящие перемены
пойдут исключительно
на пользу Вам и Вашим
близким. Не исключено
появление Колеса счастья.

Чаинки

На дне чашки видны очертания замка — несбыточные надежды слишком часто Вас посещают. Очистите от них свои мысли с помощью медитации.

Кофейная душа

*Если Вы бедны,
а на стенках чашки видны
очертания некоего
строения — Вы потеряете
то немногое, что успели
накопить. Но если Вы
щедры — это знак будущего
обогащения.*

Гадание по руке

Отсутствие линии Солнца предвещает тяжелую жизнь, полную препятствий, бед и разочарований.

Астрология

Солнце в созвездии Рака —
предвестие коварства.
Вы можете стать
жертвой интриг, но,
если хитрите именно Вы,
есть опасность попасть
в вырытую самим
собой яму.

Хрустальный шар

В шаре виден мрачный темный лес — Вы совершенно запутались в своих проблемах и переживаниях. Небольшой отдых Вам необходим.

Подсознание

Увиденный во сне пустой дом — предвестие тяжелых времен и новых препятствий. Соберитесь с силами.

Нумерология

Ваше число одиннадцать — Вас подстерегает большая опасность, любое движение может стать залогом несчастий, но Вы уже привыкли балансировать над пропастью...

Таро

Повешенный — Ваше мужество будет подвергнуто серьезным испытаниям, выдержать которые в Ваших же силах. Преодоление испытаний принесет удивительную радость.

Игральные карты

Восьмерка червей — Вас ожидает радостная встреча, интересную роль в которой сыграет приятная светловолосая девушка.

Чайники

Узор из чайных листьев напоминает корону — Вас ждет встреча с человеком, который окажет огромное влияние на Вашу дальнейшую жизнь.

Кофейная гуща

На стенках чашки изображение головы некоего человека предвещает, что Ваш не очень старый друг определит Вашу судьбу.

Гадание по руке

Изогнутая форма дочерней линии жизни, иначе называемой «Млечный Путь», указывает на опасность быть вовлеченным в круг приятных, но очень опасных пороков.

Астрология

Проходя через созвездие Овна, Уран наполняет Вас новой энергией, а также награждает необычными, странными и фантастическими проектами. Попробуйте их осуществить.

Хрустальный шар

В глубине хрустального шара виден маленький домик — уделите некоторое время семье. Это спасет Ваш духовный мир.

Подсознание

Чистое голубое небо, увиденное во сне, — знак того, что Ваши надежды не беспочвенны и имеют все шансы осуществиться.

Нумерология

*Ваше число двенадцать —
если в Вашей жизни
не хватает мира
и гармонии,
не отчаивайтесь:
сама судьба позаботится
исправить это
недоразумение.*

Таро

Смерть — лишь преодолев страх, преодолев в своей душе все, что изжило, переросло самое себя, Вы сможете перейти на качественно новый уровень жизни.

Игральные карты

*Девятка червей —
Вам предстоит
либо победа в длительной
борьбе, либо приятный
ценный подарок.*

Чайники

Вы видите на дне чашки перевернутую корону — существует опасность поддаться негативному, разрушительному влиянию. Ваша энергетика под ударом.

Кофейная гуща

*Смотрящая вверх голова
человека из узоров
кофейной гущи —
знак присутствия
в Вашей жизни сильного
защитника, готового
прийти на помощь.*

Гадание по руке

Многочисленные линии брака на ладони свидетельствуют о том, что Ваша жизнь будет богата любовным опытом.

Астрология

В созвездии Льва Уран погружает Вас в водоворот событий и вероятностей, Вы не можете ни оценить, ни каким-то образом контролировать ситуацию. Лучше всего некоторое время переждать.

Хрустальный шар

*Если в шаре видна книга —
Вам стало доступно
некое тайное знание.*

Подсознание

*Открытое окно во сне —
Вы нуждаетесь
в освобождении. Даже если
освободиться желают
от Вас, позвольте этому
свершиться.*

Нумерология

*Ваше число тринадцать —
пытайтесь не думать
плохого о людях,
ибо Ваши дурные мысли
способны воплощаться
в жизнь.*

Таро

Умеренность — Вам следует действовать осторожно, соблюдая «золотую середину» — залог успеха, удачи и творческого подъема. Постарайтесь почувствовать истинный баланс и равновесие.

Игральные карты

Десятка червей — Ваши ожидания, неприятности, тревоги и переживания окончатся покоем и умиротворенностью.

Чаинки

Чайные листья в чашке напоминают языки пламени — наступает период очищения как объектов материального мира, так и духовных субстанций.

Кофейная гуща

На стенках чашки
виднеется изображение
головы человека,
смотрящего вниз, —
Вас поджидает
небольшая опасность.

Гадание по руке

Прерывистая линия брака, скорее напоминающая пунктир — предвестие разрыва отношений.

Астрология

Уран в созвездии Стрельца напоминает Вам, что все неприятности в жизни человека не случайны. Научитесь читать знаки, которые подает Вам духовный мир.

Хрустальный шар

В глубинах хрустального шара раскрытая книга закрывается — Вы прошли мимо знания, которое могло просветить Вас и полностью изменить Вашу жизнь.

Подсознание

Роза — знак скрытой опасности. Ваше хорошее мнение о некоем человеке не соответствует действительности.

Таро

Дьявол — клубок противоречий, невежество и безнадежность, которые живут в каждом из нас на глубочайшем уровне, связывают по рукам и ногам. К сожалению, хотя, может быть, и к счастью, применительно к себе Вы не осознаете этого.

Игральные карты

Валет червей — некий молодой человек со светлыми волосами думает о Вас, но мысли его неоднозначны.

Чаинки

Узор из чайных листьев напоминает дерево или куст — берегитесь. Среди Вашего окружения есть либо злостный сплетник, либо предатель.

Кофейная гуща

В узорах кофе угадываются два лица, смотрящие друг на друга, — Ваша любовь чиста, светла, она сладка, как ворованный плод, и не останется без взаимности.

Гадание по руке

Пересечение линии брака другой линией, идущей от пальца Меркурия, указывает на сопротивление окружающих любовному союзу.

Астрология

Когда Уран проходит через созвездие Тельца, очень важной становится способность видеть в сугубо материальных неприятностях знаки судьбы. Важно внимательное отношение к мелочам.

Хрустальный шар

В шаре видна черная корона — сейчас Вы находитесь под сильным вредоносным влиянием. Не изменив ситуации, Вы навлечете на себя множество бед.

Подсознание

Увиденный во сне горный кряж — предвестие многих трудностей и преград. От Вас потребуется мужество и стойкость.

Таро

*Башня — через потери
и разрушение Вы обретете
нечто совершенно новое,
а несчастья в итоге пойдут
Вам только на пользу.*

Игральные карты

Дама червей — в трудную для Вас минуту поможет найти выход и даст добрый совет некая приятная женщина со светлыми волосами.

Чайники

Чайные листья сложились в фигуру человека в полный рост — Вам предстоит жизненный экзамен, выдержать который Вы можете, лишь обладая чистой душой.

Кофейная душа

Кофейная гуща сложилась в изображение двух лиц в круге — возможность связать себя узами брака для Вас не за горами.

Гадание по руке

Двойная линия брака на Вашей ладони — опасный знак риска запутаться в отношениях сразу с двумя партнерами.

Астрология

Уран проходит через
созвездие Девы —
способность истолковать
подробности самым
неожиданным образом,
представить обыденное
явление в совершенно ином
свете не раз выручит Вас
в щекотливой ситуации.

Хрустальный шар

В глубине хрустального шара виден паук — путы материального мира угрожают Вам. Необходима проработка духовного плана.

Подсознание

Встреченный во сне друг напоминает Вам о своем существовании. Вспомните о тех, кого Вы давно не видели.

Таро

Звезда — Вам нет нужды прятаться под маской. Будущее приносит надежду и вдохновение. Верьте в себя.

Игральные карты

Король червей — Ваши проблемы решит встреча с бизнесменом, который, несмотря на свою серьезность и высокое положение, обладает добрым отзывчивым сердцем.

Чаинки

Листья чая сложились в летящую птицу — Вас ожидает долгое и полное приключений путешествие. Есть шанс получить новый опыт.

Кофейная душа

На стенке чашки линия разделяет два увиденных Вами лица — ожидает печаль, поскольку самые дорогие для Вас связи порвутся.

Гадание по руке

У Вас отсутствует линия здоровья — значит, Вам не грозят серьезные болезни, Вас ожидает полноценная жизнь и активная старость.

Астрология

Проходя через созвездие Водолея, Уран открывает перед Вами двери — при высоком уровне подготовки Вы сможете достичь потрясающих результатов и добиться успеха.

Хрустальный шар

Из шара светит множество огней — веселье и радостные встречи помогут Вам преодолеть проблемы и одиночество.

Подсознание

Ярко горящая лампа
из Вашего сна — знак
прозрения и откровения.
Скоро Вы получите
некую информацию,
которая изменит
Ваш внутренний мир.

Таро

Луна — проявите смелость, не отступайте назад и не верьте словам, которые могут посеять страх в Вашей душе.

Игральные карты

Туз червей — вскоре Вы окажетесь в доме, где познаете радость.

Кофейная гуща

Профиль, проступающий в кофейных узорах, — знак присутствия в Вашей жизни сильной мистической защиты.

Гадание по руке

Ваша линия здоровья проходит в непосредственной близости от линии жизни — нужно очень внимательно прислушаться к голосу своего тела.

Астрология

Когда Уран проходит через созвездие Весов, а Ваши дела внезапно становятся неудачными и проблемы наседают одна за другой, пересмотрите свои взгляды. Скорее всего, они нуждаются в корректировке.

Хрустальный шар

В глубине хрустального шара виден музыкальный инструмент — выход из трудного положения найдется в совершенно неожиданной ситуации.

Подсознание

Сон о морском прибое —
знак неуправляемости
событиями. От Вашей воли
сейчас ничего не зависит.
Подчинитесь
обстоятельствам.

Таро

Солнце — удача
сопутствует Вам,
но Вы можете быть
истинно счастливы
только в том случае, если
разделяете свою радость
с близким человеком.

Игральные карты

В раскладе шестерка пик —
Вам предстоит дальняя
дорога, в которую, по неким
странным и мистическим
обстоятельствам,
Вы отправитесь намного
позже, чем задумывали.

Кофейная гуща

Узоры напоминают очертания лица в круге — знак того, что Вы любимы.

Гадание по руке

У Вас ярко выражена линия интуиции — доверьтесь этом чувству, поскольку оно в Вас необычайно сильно.

Астрология

Уран в Близнецах — и Вас ожидает множество встреч, множество идей, мыслей, планов; также это период накопления богатого жизненного опыта.

Хрустальный шар

Если шар показывает некую повозку — встретив путешественника, обязательно расспросите его. Информация окажется для Вас полезной.

Подсознание

Сон об огромной рыбе — знак обновления. Вскоре Вам придется пережить несколько неприятных минут, после чего Вы, наконец, сможете вздохнуть спокойно.

Таро

Страшный Суд — настало время подвести итоги очередному этапу Вашей жизни, переосмыслить свое прошлое. Вам стоит простить своих врагов.

Игральные карты

Семерка пик — некая девушка с темными волосами может стать для Вас источником проблем и мрачных мыслей.

Кофейная душа

Узор кофеинок на стенках чашки напоминает девочку — Вас с неким человеком связывает нечто большее, чем просто чувственные отношения. Возможно, рядом с Вами — друг на всю жизнь.

Гадание по руке

На Вашей ладони присутствует пояс Венеры — чувственные искушения и соблазны будут преследовать Вас всю жизнь.

Астрология

Уран в Козероге — преодолейте на некоторое время практичность и упорство, расслабьтесь, почувствуйте движение потоков. Ответ на вопрос придет сам собой.

Хрустальный шар

В глубине хрустального шара видна траурная процессия — это очень плохой знак. Он предвещает скорое несчастье.

Таро

Мир — внутреннее спокойствие и бодрость дадут Вам силы для преодоления жизненных неурядиц.

Игральные карты

Восьмерка пик — Вас ожидает сильное огорчение, заботы и беспокойство, конец которым не очень близок.

Кофейная душа

*Узоры в чашке похожи
на толпу людей —
напоминание о том,
что для получения
нужной помощи Вам
достаточно лишь позвать.*

Гадание по руке

Пояс Венеры на Вашей ладони заканчивается на холме Меркурия — Вы чрезвычайно сильны и способны справиться с очень тяжелыми проблемами.

Астрология

Луна в созвездии Рыб —
в этот период Вам
необходимо духовное
успокоение, очень важно
наличие способности
сострадать и проявлять
милосердие.

Хрустальный шар

Если в глубине хрустального шара видно карнавальное шествие — наступает период, когда Вам не повредит даже самый разгульный образ жизни. Дни наполнятся радостью.

Таро

*Глупец — несмотря
на ожидающие Вас
трудность и боль,
руководствуясь лишь верой,
Вы сможете дойти
до конца пути и узнать
свое предназначение.
Наслаждайтесь каждым
моментом жизни.*

Игральные карты

Девятка пик — Вас
ожидают очень крупные
неприятности,
по сравнению с которыми
Ваши теперешние
неурядицы — просто
небольшая разминка.

Кофейная гуща

Кофеинки складываются в фигуру молодого человека — это знак ожидающей Вас разлуки.

Гадание по руке

На Вашей ладони видно Соломоново кольцо — Ваш интерес к сверхъестественному не праздный, Вы бесспорно имеете некоторые способности. Развивайте их.

Астрология

Луна проходит через созвездие Скорпиона — в это время необходимость победы над собственными сильными эмоциями очень велика. Есть опасность наведенной агрессии.

Хрустальный шар

Из глубин хрустального шара выглядывает маска — это знак тайны. От Вас что-то очень тщательно скрывают.

Таро

Шестерка булав предупреждает об осторожности, соблюдая которую, Вы сможете добиться успеха в борьбе с сильным соперником.

Игральные карты

Десятка пик — Ваши ожидания окончатся скукой, досадой, не исключено, что результат вызовет у Вас очень сильное огорчение.

Кофейная душа

Очертания старой
женщины проступают
в кофейных узорах — узы
любви крепки и надежны,
они не порвутся даже
под яростным житейским
ветром.

Гадание по руке

Браслеты на Вашей ладони параллельны друг другу, они четки и хорошо видны — это знак благополучия, здоровья и процветания.

Астрология

Луна в Раке — это сила защиты, огороженность от многих опасностей мира. Но в то же время присутствует опасность суетливости и трудностей в общении.

Таро

Выпадает семерка булав, и это значит, что Вас поджидает конфликт и напряженная борьба за собственные интересы.

Игральные карты

Валет пик — близкий Вам человек (друг или возлюбленный) не так предан Вам, как Вы этого заслуживаете.

Кофейная гуща

В чашке видятся очертания человека и животного — Вы кому-то настолько не безразличны, что этот человек старательно помогает Вам во всех делах.

Гадание по руке

От браслетов на Вашей ладони отходит множество линий к холму Луны — жизнь будет полна путешествий и поездок.

Астрология

Луна, проходящая через созвездие Водолея, ставит для Вас на первое место семью и детей, дом и все, что с ним связано. Уделите им время.

Таро

Восьмерка булав предупреждает о том, что поспешно принятое решение может вылиться в семейные неурядицы и ссоры на почве ревности.

Игральные карты

Дама пик —
присмотритесь
внимательнее
к окружающим Вас
особам женского пола:
одна из них очень активно
желает Вам зла.

Кофейная душа

На стенках чашки видны очертания буйвола — Вас ожидают неприятности и душевные потрясения. Опасность нервного срыва.

Гадание по руке

На Вашей ладони холм Юпитера находится вплотную к холму Сатурна — Вам трудно действовать в одиночку, и скоро судьба пошлет Вам спутника.

Астрология

Луна в Весах — в этот период для Вас самое главное — найти решение, удовлетворяющее всех, либо просто выступить проводником мира.

Таро

Девятка булав напоминает, что прошлое все еще имеет над Вами власть, и ошибки, некогда совершенные, станут в ближайшее время источником новых проблем.

Игральные карты

Король пик — в ближайшее время очень опасно затевать судебный процесс, поскольку Вас ожидает проигрыш.

Кофейная гуща

Остатки кофе сложились
в фигуру быка
на вершине — Вас ожидают
материальные блага,
повышение уровня жизни,
улучшение здоровья.

Гадание по руке

На ладони холм Сатурна нормальных размеров — Ваш глубокий ум, рассудительность и предусмотрительность помогут найти ответ на любой вопрос.

Астрология

Луна, проходящая через созвездие Близнецов, одаривает Вас силой и энергией. Но не нужно чрезмерно увлекаться — со временем ритм изменится.

Таро

*Десятка булав
предвещает
предательство,
столкновения
и препятствия.*

Игральные карты

Туз пик — Вас подстерегают неожиданные неприятности (возможна нежелательная беременность), сопряженные с большой потерей денег и сил.

Кофейная гуща

В чашке видна фигура, напоминающая двугорбого верблюда, — получите неожиданную прибыль от проекта, о котором Вы давно забыли. Одногорбый верблюд — к выигрышу в лотерею.

Гадание по руке

В центре холма Сатурна, расположенного на Вашей ладони, видна «звезда» (пересечение нескольких линий) — Ваша жизнь подчинена неким роковым силам или же Вас ожидает некое фатальное событие.

Астрология

Когда Луна в Козероге, наступает время легкой грусти. Она может приходить без всякой причины, и просто нужно пережидать время и суметь насладиться и этим опытом.

Таро

Вам достается паж булав, а вместе с ним — приятное известие, которое Вам принесет весьма активный молодой человек.

Игральные карты

В раскладе шестерка треф находится поблизости от девятки червей — Ваша деловая поездка закончится победой либо ценным приобретением.

Кофейная душа

Остатки кофе сложились для Вас в ворона с открытым клювом — сплетни и лишняя информация послужат причиной крупных неприятностей у Вас дома.

Гадание по руке

Холм Солнца на Вашей ладони вытянут в сторону холма Меркурия — у Вас неплохой творческий потенциал. Воспользуйтесь этим.

Астрология

Луна в Деве — сейчас важнее всего научиться ценить любую мелочь, почувствовать на вкус каждый глоток чистого воздуха. Тогда жизнь раскроется перед Вами во всей полноте.

Таро

Выпавший Вам рыцарь булав предвещает интересное путешествие, в котором Вы повстречаете великодушного человека, несущего новые интересные идеи.

Игральные карты

Семерка треф —
в рискованном
предприятии Вас ожидает
одно из двух: либо крупная
неудача, либо большой
выигрыш (среднего не дано).

Кофейная гуща

На стенках чашки виден голубь — человек, о котором Вы думаете, честен перед Вами, сомнения на его счет напрасны.

Гадание по руке

Большой холм Меркурия свидетельствует о том, что Вам присуще великолепное чувство юмора, однако, разыгрывая и обманывая людей, Вы можете навлечь на себя беду.

Астрология

Луна, проходящая через созвездие Тельца, призывает к серьезности и ответственности. Это наилучшее время, чтобы уделить внимание важным проектам.

Таро

Королева булав — это
милая, заботливая,
доброжелательная
женщина, которая уже
появилась либо появится
в Вашей жизни
в ближайшем будущем.

Игральные карты

Восьмерка треф — некто хочет услышать от Вас объяснение в любви. Если будете с этим тянуть, слова о любви говорить будут Вам.

Кофейная душа

Человек с зайцем на руках на стенках кофейной чашки — Вы можете упустить свою удачу, если не проявите мужество и предусмотрительность.

Гадание по руке

Холм Луны на Вашей
ладони достигает кисти —
у Вас явный талант
к оккультным наукам.
Развивайте его
и достигнете немалых
успехов.

Астрология

Луна проходит через
созвездие Стрельца
и дарит Вам радость
и чувство юмора как щит
для борьбы
с неприятностями.

Таро

Король булав — человек, обладающий большим шармом, остроумный, приятный, ответственный, но иногда поступающий как деспот и тиран, окажет сильное влияние на Вашу судьбу.

Игральные карты

Девятка треф — Вам могут достаться немалые деньги очень необычным способом. Есть неплохой шанс выиграть в лотерею.

Кофейная гуща

Остатки кофе на стенках чашки складываются в очертания коровы — знак скорых перемен к лучшему. Но предоставленный судьбой шанс нужно будет заметить.

Гадание по руке

Холм Венеры у Вас
на ладони — знак того,
что благодаря Вашим
доброте и отзывчивости
в будущем жизнь
наполнится новым
смыслом.

Астрология

Луна во Льве призывает
к самовыражению,
но при этом для Вас пока
еще очень важна
уверенность в своих силах.

Таро

Туз булав — Вас оживает наплыв новых творческих идей, прилив энтузиазма, успешная карьера. Но Ваша гордыня все еще способна превратить удачу в полосу несчастий.

Игральные карты

Десятка треф —
ближайшее время будет
полным приключений:
Вы встанете на дорогу
к богатству и счастью,
а на пути будут
подстерегать волнующие
любовные приключения.

Кофейная душа

Со стенки кофейной чашки
на Вас смотрит кошка —
некоторое время Вам
будет затруднительно
поддерживать дела
в порядке.

Гадание по руке

Ярко выраженный нижний холм Марса предвещает, что в будущем отвага и решительность помогут Вам обрести желаемое.

Астрология

Луна в Овне — и Вам жизненно необходим противник, равный по силе. В битве с ним Вы обретете массу удовольствия и сможете утвердиться как личность.

Таро

Вам достается шестерка пентаклей, и это указывает на вашу материальную стабильность. Но для того чтобы положение дел не ухудшилось, нужно проявить щедрость.

Игральные карты

Валет треф — тот, о ком Вы напряженно думаете, богат и щедр, но Ваша задача — завоевать его симпатию.

Кофейная гуща

Птичья голова с гребешком на стенке кофейной чашки советует Вам не отказывать в услуге даже малознакомому человеку. Вам это впоследствии пригодится.

Гадание по руке

Очень большой верхний холм Марса предупреждает о том, что сарказм, склонность к насмешкам и злым шуткам может поставить Вас в неловкое положение.

Астрология

Нептун, проходящий через созвездие Овна, советует Вам наполнить ближайшее время энергией и отбросить желание полежать на диване. Идеальными будут занятия активными видами спорта.

Таро

Семерка пентаклей предупреждает Вас о необходимости соблюдать осторожность. Иначе неизбежны потери, убытки и связанное с этим беспокойство.

Игральные карты

Дама треф —
если Вы женщина,
Вас ожидает столкновение
с серьезной соперницей
в любви;
если Вы мужчина,
на Вашем пути
встретится чувственная,
но непостоянная женщина.

Кофейная душа

Остатки кофе на блюдце напоминают Вам сидящую лягушку — время, когда в Вашем доме окончательно воцарятся мир и согласие, не за горами.

Гадание по руке

Ваш длинный большой
палец свидетельствует
о задатках лидера,
о присущих Вам четкости
мышления и духовных
силах.

Астрология

Нептун в Рыбах — Ваша интуиция обострена, психика отличается наибольшей гибкостью. А высшая любовь поможет Вам понять свою совесть в непростой ситуации.

Таро

Восьмерка пентаклей предвещает, что Ваш труд будет вознагражден обретением мастерства и хорошими перспективами.

Игральные карты

Король треф — человек, любимый Вами, верен Вам. Но если Вы любите безответно, у Вас практически нет шансов когда-либо завоевать его любовь.

Гадание по руке

Примерно одинаковые по размеру фаланги воли и логики на большом пальце свидетельствуют о прекрасной сбалансированности характера, что и поможет справиться с возникающими проблемами.

Астрология

Проходя через созвездие Скорпиона, Нептун посылает Вам сильнейшие эманации, благодаря которым Вы наиболее остро воспринимаете мир. В этот период есть опасность пристраститься к алкоголю.

Таро

Девятка пентаклей
показывает,
что Вы независимы
и контролируете
ситуацию. Вас ожидают
богатство, прибыль,
рост и достижения.

Игральные карты

Туз треф — в жизни Вам придется выбирать себе в спутники что-то одно: либо деньги, либо любовь.

Гадание по руке

Палец Юпитера свидетельствует о Ваших прекрасных организаторских способностях. Воспользуйтесь ими.

Астрология

Нептун, проходящий через созвездие Рака, сгущает атмосферу недоверия. В какой-то момент Вы можете перестать верить всему на свете. Лучшим решением будет расслабиться и довериться интуиции.

Таро

Десятка пентаклей предвещает Вам здоровье, богатство, благополучие, прочное положение в жизни. Также может означать начало нового жизненного этапа.

Гадание по руке

Судя по пальцу Сатурна
на Вашей ладони,
Вам лучше принимать
решения, руководствуясь
не рассудком, а интуицией.

Астрология

В созвездии Водолея Нептун порождает мечты о будущем. У Вас есть все шансы совершить нечто принципиально новое, если Вы не будете боятся препятствий.

Таро

*Паж пентаклей —
это Ваш же помощник.
Он действительно очень
скрупулезен, пытлив
и дотошен. Это одинокий,
благоразумный,
трудолюбивый,
но несколько
медлительный человек.*

Гадание по руке

Длинный палец Аполлона — признак блестящего будущего, успеха и славы. Но ведь ничто не дается в жизни без труда...

Астрология

Прохождение Нептуна в созвездии Близнецов обещает Вам прилив красноречия. Именно сейчас Вы сможете одолеть Ваших противников всего лишь словом.

Таро

Доставшийся Вам рыцарь пентаклей — это находящийся поблизости человек. Он достоин доверия, но временами ленив и скован условностями.

Гадание по руке

Ваш палец Меркурия кончиком достигает начала ногтя соседнего пальца — у Вас неоспоримый талант воздействия на окружающих.

Астрология

Нептун в Козероге —
в этот период Вам
не повредят
организованность
и упорядоченность
собственной жизни.
Важно восстановление
причинно-следственных
связей.

Таро

Королева пентаклей указывает на то, что рядом с Вами — чувственная, благородная, великодушная, практичная женщина. Но больше всего она ценит свой комфорт и социальное положение.

Астрология

Нептун в Деве предлагает Вам предаться радостям жизни. Окружите себя приятными мелочами, порадуйте себя внешне ненужными покупками. Это необходимо для восстановления психологического здоровья.

Таро

Вам достается король пентаклей, и это означает, что Вам следует отыскать практичного, не обремененного излишним воображением человека. Он поможет Вам достигнуть успеха.

Астрология

Прохождение Нептуна в созвездии Тельца послужит Вам сигналом для того, чтобы задуматься о своем отношении к миру материального.

Таро

Туз пентаклей предвещает рост Вашего благосостояния и материального достатка при том лишь условии, что жадность не подчинит себе Ваше сердце.

Астрология

Созвездие Стрельца при прохождении в нем Нептуна даст Вам несколько мгновений буйной, зажигательной радости. Возможно, эту радость принесет к Вам в дом совершенно незнакомый человек.

Таро

Шестерка чаш — событие, которое Вы с трепетом ожидаете, наступит раньше, чем Вы планировали.

Астрология

Нептун во Льве — в это время не позволяйте власти вскружить Вам голову. Помните, что мы живем в очень переменчивом мире.

Таро

Семерка чаш означает, что множество вариантов стоящего перед Вами выбора — иллюзорны. Лишь решимость добиться успеха поможет Вам поступить правильно.

Астрология

Юпитер, проходящий созвездие Овна, искушает Вас. Заманчивые предложения и рисковые ситуации посыплются на Вас именно теперь, но не давайте волю своему азарту.

Таро

Восьмерка чаш советует Вам проститься с прошлым, каково бы оно ни было, во имя движения навстречу Вашей судьбе.

Астрология

Юпитер во Льве — именно сейчас судьба готова одарить Вас сполна. Но помните — за все ее дары когда-нибудь нужно будет платить.

Таро

Девятка чаш — знак того, что лишь стабильность духа и сознания убережет Вас от опасных ошибок.

Астрология

Юпитер, проходящий созвездие Стрельца, несет радость и счастье. Жизнь блестит всеми своими красками и дарит Вам незабываемые минуты.

Таро

Вам выпадает десятка чаш — Ваша работа завершена, наслаждайтесь результатом. Кроме того, эта карта сулит надежду на лучшее будущее.

Астрология

Юпитер в Тельце — Ваши счастье и удача не будут эфемерными, Вы вполне физически сможете оценить их размер, подсчитав прибыль или прикоснувшись к новым вещам.

Таро

Паж чаш советует Вам испытать новые ощущения или пуститься на поиски приключений.

Астрология

Юпитер, проходя созвездие Девы, заставит Вас стать коллекционером. Не исключено, что внезапно Вас охватит страсть к собирательству чего угодно, противиться которой совершенно не обязательно.

Таро

Рыцарь чаш открывает Вам новые возможности и перспективы. Однако есть опасность неудачи, если Вы доверитесь человеку, который хотя бы один раз не сдержал данного некогда слова.

Астрология

Юпитер в Раке поможет Вам проще отнестись ко всем Вашим неудачам и разочарованиям. Медитация сможет дополнить его благотворное действие.

Таро

Выпавшая Вам королева чаш — это знак будущей романтической встречи с чувственной женщиной, обладающей хорошей интуицией.

Астрология

Проходя созвездие Водолея, Юпитер окружает Вас «техническим» ореолом. Не поддавайтесь иллюзии всемогущества приборов — в самый неподходящий момент они Вас подведут.

Таро

Король чаш советует Вам помнить, что человек, который может помочь Вам, скрытен, властен и амбициозен. Кроме того, он преследует лишь свои интересы.

Астрология

Юпитер, очутившись в Весах, стимулирует Вашу умственную деятельность. Проблемы решатся легко, а неприятности незаметно будут обращены в шутку.

Таро

Выпавший Вам туз чаш предвещает новый виток в жизни, приятные впечатления, исполнение желаний, возможный брак.

Астрология

Юпитер в Близнецах поможет Вам найти и извлечь выгоду из заведомо проигрышной ситуации. Это именно то время, когда можно решаться на риск.

Таро

Шестерка мечей советует Вам отправиться в путешествие, которое непременно принесет немало впечатлений, хотя не исключено, что в конце Вас будет подстерегать неприятность.

Астрология

Юпитер в созвездии Козерога призывает Вас к осторожности. В данной ситуации склонность все усложнять и перепроверять может сослужить Вам добрую службу.

Таро

Перед Вами ложится семерка мечей — это знак того, что с помощью логики и здравого смысла возможно преодолеть возникшие у Вас трудности.

Астрология

Венера в созвездии Рыб призывает Вас к нежности и лирическому настроению. Дайте волю своему сердцу.

Таро

Восьмерка мечей предрекает, что Ваши планы не могут исполниться, поскольку негативное чужое влияние слишком сильно.

Астрология

Венера в Деве — некоторое время Вам очень захочется придираться к любой мелочи. Но если Вы сможете это преодолеть, — ожидают радости общения.

Таро

Вам выпадает девятка мечей, и это очень плохой знак. Ибо Вас ждет крушение планов (хотя и представляется оно более страшным, чем будет на самом деле). Для Ваших смутных подозрений есть все основания.

Таро

Десятка мечей не советует Вам расслабляться. Свет, который недавно наметился в конце тоннеля, обманчив. Черная полоса препятствий и трудностей еще не близка к завершению.

Таро

Вам выпадает паж мечей — непрактичность окружающих может поставить Вас в глупое положение.

Таро

Рыцарь мечей — среди Ваших знакомых есть человек, который достаточно умен и амбициозен, чтобы причинить Вам достаточно много неприятностей, если Вы встанете у него на пути. Будьте внимательны.

Таро

Королева мечей —
Вас ожидает встреча
с женщиной,
преисполненной сильной
воли, привыкшей, что все
ее желания исполняются,
возможно, вдовой.
Есть опасность стать
жертвой интриг.

Таро

Король мечей — Вы столкнетесь с властным, осторожным, недоверчивым и подозрительным человеком. Он умен, но планы, как правило, невыполнимы. Вам следует проявить осторожность.

Таро

Туз мечей — на Вас оказывается мощнейшее внешнее давление. Есть угроза несправедливости и измены. Преодолеть трудности Вам поможет лишь сила высшей справедливости.

Таро

Шут — при помощи концентрации личностной воли и силы Ваше сознание сможет найти для Вас правильную дорогу. На данный момент Ваша задача — созидание.

Игральные карты

Семерка бубен — опасайтесь ссор, а также людей, распространяющих сплетни, — Вы можете стать их жертвой.

Игральные кости

У Вас выпал
«дубль» два-два —
если Вы не знаете,
как поступить,
прислушайтесь
к своему сердцу:
Ваши сокровенные желания
подскажут ответ.

Чаинки

На дне чашки видны очертания горы — у Вас впереди немалые трудности, сопряженные с Вашими страхами.

Кофейная гуща

Кофейная гуща сложилась в силуэт животного — беспокойство о судьбе близких не даст Вам заснуть.

Гадание по руке

Взгляните на правую ладонь. Окончание линии судьбы на линии сердца предвещает, что во имя любви Вам придется многим пожертвовать.

Астрология

В созвездии Близнецов Солнце призывает Вас к общению, поскольку в этом случае Вы приобретете власть и влияние на людей.

Хрустальный шар

В хрустальном шаре видны своды пещеры — для того чтобы понять сущность Вашего теперешнего смятения, нужно вернуться в прошлое.

Подсознание

Сон о воротах, увитых цветами, — знак грядущей радости и нового образа жизни, который принесет Вам достаток и благополучие.

Нумерология

*Ваше число десять —
Вы спокойны
и доброжелательны,
близкие считают Вас
миротворцем.*

Таро

Госпожа — в трудную минуту простое совершенство природы поможет Вам обрести мир в душе. Земля придаст вам сил.

Игральные карты

Девятка бубен — поторопитесь: есть риск, что предстоящая Вам поездка может оказаться бесполезной из-за опоздания.

Игральные кости

Если выпал «дубль» три-три — у Вас есть мощный хранитель. Даже при том, что Вам есть что терять, смело можете пускаться в безумные авантюры.

Чаинки

Листья чая сложились в изображение собачьей головы — Вы рискуете незаслуженно обидеть человека, который искренне к Вам расположен.

Кофейная душа

На блюдце проступает изображение материка — это знак того, что полоса неудач осталась позади и Ваши дела медленно начинают налаживаться.

Гадание по руке

Линия жизни начинается на холме Юпитера — у Вас большие амбиции и вполне оправданное стремление к успеху.

Астрология

Солнце в созвездии Рыб делает простор вокруг Вас полным мутного ила недосказанностей. В этой ситуации только Ваша интуиция может помочь найти правильное решение.

Хрустальный шар

*Если видна высокая башня —
Ваши устремления
труднодостижимы
и прекрасны, но реальность
часто бывает жестока.*

Подсознание

Увиденный во сне пустой дом — предвестие тяжелых времен и новых препятствий. Соберитесь с силами.

Нумерология

Ваше число двенадцать —
если в Вашей жизни
не хватает мира
и гармонии,
не отчаивайтесь:
сама судьба позаботится
исправить это
недоразумение.

Таро

Первосвященник — авторитетный человек поможет в трудную минуту рассеять тяжкие сомнения, он укажет путь.

Игральные карты

Валет бубен — человек, которому Вы всецело доверяете, может предать Вас.

Игральные кости

Шестерка и двойка —
у Вас все предпосылки
прогрессирования.
Хороший период
для долгосрочных
начинаний.

Чаинки

Чайные листья сложились в цветок — Ваш упорный труд будет вознагражден. Но за награду еще предстоит побороться.

Кофейная душа

Птица видится в узорах кофе на блюдце — благодаря некоему счастливому случаю злые языки больше не могут Вас очернить. Но это положение продлится недолго.

Гадание по руке

Линия судьбы начинается от браслетов — Вам очень рано пришлось учиться независимости и самостоятельному принятию решений.

Астрология

Солнце в созвездии Рака — предвестие коварства. Вы можете стать жертвой интриг, но, если хитрите именно Вы, есть опасность попасть в вырытую самим собой яму.

Хрустальный шар

В глубине хрустального шара виден маленький домик — уделите некоторое время семье. Это спасет Ваш духовный мир.

Подсознание

Открытое окно во сне —
Вы нуждаетесь
в освобождении. Даже если
освободиться желают
от Вас, позвольте этому
свершиться.

Нумерология

*Ваше число один —
Вы сможете добиться
многих успехов в жизни,
но существует опасность
увлечься игрой во власть.*

Таро

Повозка — дисциплина и сила воли позволят Вам развить внутренний контроль, что принесет победу над трудностями и обеспечит триумф.

Игральные карты

Король бубен —
сейчас для Вас самое
благоприятное время
удалиться на лоно природы,
поскольку в Вашей жизни
назревает конфликт.

Игральные кости

У Вас выпал «дубль» пять-пять — Вас ожидает очень интересное и плодотворное знакомство с необычным человеком, который станет для Вас источником новых идей.

Чайники

*Чайные листья сложились
в фигуру дракона —
это знак опасности
и одновременно больших
перспектив.
Для достижения цели Вам
придется идти на риск.*

Кофейная душа

Если Вы бедны,
а на стенках чашки видны
очертания некоего
строения — Вы потеряете
то немногое, что успели
накопить. Но если Вы
щедры — это знак будущего
обогащения.

Гадание по руке

Изогнутая форма дочерней линии жизни, иначе называемой «Млечный Путь», указывает на опасность быть вовлеченным в круг приятных, но очень опасных пороков.

Астрология

В созвездии Льва Уран погружает Вас в водоворот событий и вероятностей, Вы не можете ни оценить, ни каким-то образом контролировать ситуацию. Лучше всего некоторое время переждать.

Хрустальный шар

В глубинах хрустального шара раскрытая книга закрывается — Вы прошли мимо знания, которое могло просветить Вас и полностью изменить Вашу жизнь.

Подсознание

Увиденный во сне горный кряж — предвестие многих трудностей и преград. От Вас потребуется мужество и стойкость.

Нумерология

Ваше число три — взяв на вооружение энергию, талант и обаяние, Вы обязательно достигнете жизненных высот.

Таро

Мудрец — достаточно с должным вниманием оглядеться вокруг себя, присмотреться к простым вещам, и Вы найдете ответы на мучающие вопросы.

Игральные карты

Если в раскладе шестерка червей — Вам предстоит длительное и приятное путешествие, сопряженное с необременительными хлопотами.

Игральные кости

Выпали две шестерки — предстоящие перемены пойдут исключительно на пользу Вам и Вашим близким. Не исключено появление Колеса счастья.

Чайнкі

Узор из чайных листьев напоминает корону — Вас ждет встреча с человеком, который окажет огромное влияние на Вашу дальнейшую жизнь.

Кофейная гуща

Смотрящая вверх голова
человека из узоров
кофейной гущи —
знак присутствия
в Вашей жизни сильного
защитника, готового
прийти на помощь.

Гадание по руке

Прерывистая линия брака, скорее напоминающая пунктир — предвестие разрыва отношений.

Астрология

Когда Уран проходит через созвездие Тельца, очень важной становится способность видеть в сугубо материальных неприятностях знаки судьбы. Важно внимательное отношение к мелочам.

Хрустальный шар

В глубине хрустального шара виден паук — путы материального мира угрожают Вам. Необходима проработка духовного плана.

Подсознание

*Ярко горящая лампа
из Вашего сна — знак
прозрения и откровения.
Скоро Вы получите
некую информацию,
которая изменит
Ваш внутренний мир.*

Нумерология

Ваше число пять —
Вам не чужды риск
и страсть к острым
ощущениям. Но судьба
до поры Вас хранит.

Таро

Сила — только мужество и решимость идти вперед, несмотря на сложности, поможет преодолеть разочарования и обрести тихую и уверенную силу в терпении.

Игральные карты

Восьмерка червей — Вас ожидает радостная встреча, интересную роль в которой сыграет приятная светловолосая девушка.

Игральные кости

Выпали единица и двойка — неожиданно Вы узнаете информацию, которая окажет сильное влияние на Вашу дальнейшую жизнь.

Чайнки

Чайные листья в чашке напоминают языки пламени — наступает период очищения как объектов материального мира, так и духовных субстанций.

Кофейная гуща

В узорах кофе угадываются два лица, смотрящие друг на друга, — Ваша любовь чиста, светла, она сладка, как ворованный плод, и не останется без взаимности.

Гадание по руке

Двойная линия брака на Вашей ладони — опасный знак риска запутаться в отношениях сразу с двумя партнерами.

Астрология

Проходя через созвездие Водолея, Уран открывает перед Вами двери — при высоком уровне подготовки Вы сможете достичь потрясающих результатов и добиться успеха.

Хрустальный шар

Если шар показывает некую повозку — встретив путешественника, обязательно расспросите его. Информация окажется для Вас полезной.

Подсознание

Сон об огромной рыбе — знак обновления. Вскоре Вам придется пережить несколько неприятных минут, после чего Вы, наконец, сможете вздохнуть спокойно.

Нумерология

Ваше число семь — любовь к вдумчивому анализу, размышлениям и рефлексиям откроет для Вас огромный новый мир мистического.

Таро

Смерть — лишь преодолев страх, преодолев в своей душе все, что изжило, переросло самое себя, Вы сможете перейти на качественно новый уровень жизни.

Игральные карты

Десятка червей — Ваши ожидания, неприятности, тревоги и переживания окончатся покоем и умиротворенностью.

Игральные кости

Единица и четверка —
это хорошее сочетание.
Вы можете быть уверены
в своей удаче.
Шанс исполниться
имеют даже самые
несбыточные желания.

Чайнки

Чайные листья сложились в фигуру человека в полный рост — Вам предстоит жизненный экзамен, выдержать который Вы можете, лишь обладая чистой душой.

Кофейная гуща

На стенке чашки линия разделяет два увиденных Вами лица — ожидает печаль, поскольку самые дорогие для Вас связи порвутся.

Гадание по руке

Ваша линия здоровья проходит в непосредственной близости от линии жизни — нужно очень внимательно прислушаться к голосу своего тела.

Астрология

Уран в Козероге — преодолейте на некоторое время практичность и упорство, расслабьтесь, почувствуйте движение потоков. Ответ на вопрос придет сам собой.

Хрустальный шар

Из глубин хрустального шара выглядывает маска — это знак тайны. От Вас что-то очень тщательно скрывают.

Подсознание

Сон о раскидистом дереве — знак скорого богатства и процветания.

Нумерология

Ваше число девять — смысл Вашей жизни в бесконечной борьбе и преодолении трудностей, которых не надо пугаться, ибо они — источник Вашей жизненной силы.

Таро

Дьявол — клубок противоречий, невежество и безнадежность, которые живут в каждом из нас на глубочайшем уровне, связывают по рукам и ногам. К сожалению, хотя, может быть, и к счастью, применительно к себе Вы не осознаете этого.

Игральные карты

Дама червей — в трудную для Вас минуту поможет найти выход и даст добрый совет некая приятная женщина со светлыми волосами.

Игральные кости

*Двойка и пятерка —
не откладывайте на потом
принятие важного
решения. Удача легко
может покинуть Вас
и больше не вернуться.*

Чайники

На дне чашки видны очертания некоего дома — скоро о себе напомнят неприятности из прошлого, о которых Вы почти забыли.

Кофейная гуща

Узор кофеинок на стенках
чашки напоминает
девочку — Вас с неким
человеком связывает нечто
большее, чем просто
чувственные отношения.
Возможно, рядом с Вами —
друг на всю жизнь.

Гадание по руке

Пояс Венеры на Вашей ладони заканчивается на холме Меркурия — Вы чрезвычайно сильны и способны справиться с очень тяжелыми проблемами.

Астрология

Луна в Раке — это сила защиты, огороженность от многих опасностей мира. Но в то же время присутствует опасность суетливости и трудностей в общении.

Хрустальный шар

*Хрустальный шар
показывает фигуру
лошади — очень скоро
у Вас появится новый друг,
с которым Вы пройдете
большую часть жизни.*

Подсознание

Сон о черном коте —
Вас подстерегают
мистические опасности.
Есть необходимость
посетить церковь.

Нумерология

Ваше число одиннадцать — Вас подстерегает большая опасность, любое движение может стать залогом несчастий, но Вы уже привыкли балансировать над пропастью...

Таро

Звезда — Вам нет нужды прятаться под маской. Будущее приносит надежду и вдохновение. Верьте в себя.

Игральные карты

Туз червей — вскоре Вы окажетесь в доме, где познаете радость.

Игральные кости

Вам выпали пятерка и четверка — сейчас для Вас черная полоса. Любое, даже самое продуманное действие обернется против Вас. Поэтому выгоднее будет ничего не предпринимать вообще.

Чайнки

Листья чая сложились в очертания орла — скоро Вас может ожидать повышение по службе, поощрение либо приятный сюрприз от домашних.

Кофейная душа

Очертания старой женщины проступают в кофейных узорах — узы любви крепки и надежны, они не порвутся даже под яростным житейским ветром.

Гадание по руке

От браслетов на Вашей ладони отходит множество линий к холму Луны — жизнь будет полна путешествий и поездок.

Астрология

Когда Луна в Козероге, наступает время легкой грусти. Она может приходить без всякой причины, и просто нужно переждать время и суметь насладиться и этим опытом.

Хрустальный шар

В глубине хрустального шара видны сокровища — Вам придется преодолеть обман и связанные с ним трудности.

Подсознание

Сон о змее предупреждает Вас о том, что не все знакомые и друзья абсолютно честны с Вами. Некоторые затаили зло.

Нумерология

Ваше число тринадцать —
пытайтесь не думать
плохого о людях,
ибо Ваши дурные мысли
способны воплощаться
в жизнь.

Таро

Солнце — удача
сопутствует Вам,
но Вы можете быть
истинно счастливы
только в том случае, если
разделяете свою радость
с близким человеком.

Игральные карты

Восьмерка пик — Вас ожидает сильное огорчение, заботы и беспокойство, конец которым не очень близок.

Игральные кости

Шестерка и пятерка —
сейчас лучше не рисковать.
Очень велика опасность
нежелательного брака
либо ареста.

Чаинки

Крест из чайных листьев — знак охраны. Будьте уверены: мистическая сила сохранит от бед. Ваша жизнь пойдет по сценарию, назначенному свыше.

Кофейная гуща

В чашке видна фигура, напоминающая двугорбого верблюда, — получите неожиданную прибыль от проекта, о котором Вы давно забыли. Одногорбый верблюд — к выигрышу в лотерею.

Гадание по руке

Холм Солнца на Вашей ладони вытянут в сторону холма Меркурия — у Вас неплохой творческий потенциал. Воспользуйтесь этим.

Астрология

Луна во Льве призывает
к самовыражению,
но при этом для Вас пока
еще очень важна
уверенность в своих силах.

Хрустальный шар

В глубины хрустального шара уходит дорога — некое событие заставит Вас поменять все прежние представления о жизни. Изменятся также и планы.

Подсознание

Сон о птице, падающей
с небес на землю, —
знак неудачи
и скорого разочарования
во многих начинаниях.
Только моральная
подготовленность к этому
может сгладить
неприятное ощущение.

Нумерология

*Ваше число восемь —
круг людей, посвященный
в Ваши дела, должен быть
минимальным. Ведь судьба
такова, что Вас ожидает
либо шумный успех, либо
столь же шумный провал...*

Таро

*Глупец — несмотря
на ожидающие Вас
трудность и боль,
руководствуясь лишь верой,
Вы сможете дойти
до конца пути и узнать
свое предназначение.
Наслаждайтесь каждым
моментом жизни.*

Игральные карты

Валет пик — близкий Вам человек (друг или возлюбленный) не так предан Вам, как Вы этого заслуживаете.

Игральные кости

У Вас «дубль» один-один — не воспринимайте Ваши неудачи слишком серьезно. Скоро все переменится к лучшему.

Издание для досуга

КАРМАННЫЙ ОРАКУЛ

Автор-составитель
Миронова Анастасия Валерьевна

Ответственный за выпуск *В. В. Адамчик*

Подписано в печать с готовых диапозитивов 07.07.04.
Формат $60\times90^{1}/_{32}$. Бумага офсетная. Печать офсетная.
Усл. печ. л. 26,0. Тираж 5000 экз. Заказ 1778.

Издательский кооператив
«Современный литератор».
Лицензия № 02330/0133053 от 30.04.04.
220029, Минск, ул. Киселева, д. 47, к. 4.

При участии ООО «Харвест».
Лицензия № 02330/0056935 от 30.04.04.
РБ, 220013, Минск, ул. Кульман,
д. 1, корп. 3, эт. 4, к. 42.

Открытое акционерное общество
«Полиграфкомбинат им. Я. Коласа».
220600, Минск, ул. Красная, 23.